개 역 개 정 · 신 약 성 경 쓰 기

요한복음 하

하나님이
세상을 이처럼 사랑하사
독생자를 주셨으니
이는 그를 믿는 자마다
멸망하지 않고
영생을 얻게 하려 하심이라
_요 3:16

우슬북.

구약성경 통독표

순번	성경 목록	장	절	평균통독 시간/분	순번	성경 목록	장	절	평균통독 시간/분
1	창세기	50	1,533	203	21	전도서	12	222	31
2	출애굽기	40	1,213	162	22	아가	8	117	16
3	레위기	27	859	115	23	이사야	66	1,292	206
4	민수기	36	1,287	165	24	예레미야	52	1,364	300
5	신명기	34	959	147	25	예레미야애가	5	154	20
6	여호수아	24	658	99	26	에스겔	48	1,273	201
7	사사기	21	618	103	27	다니엘	12	357	62
8	룻기	4	85	14	28	호세아	14	197	30
9	사무엘상	31	810	136	29	요엘	3	73	11
10	사무엘하	24	695	113	30	아모스	9	146	23
11	열왕기상	22	816	128	31	오바댜	1	21	4
12	열왕기하	25	719	121	32	요나	4	48	7
13	역대상	29	942	119	33	미가	7	105	17
14	역대하	36	822	138	34	나훔	3	47	8
15	에스라	10	280	42	35	하박국	3	56	9
16	느헤미야	13	406	61	36	스바냐	3	53	9
17	에스더	10	167	29	37	학개	2	38	6
18	욥기	42	1,070	115	38	스가랴	14	211	33
19	시편	150	2,461	275	39	말라기	4	55	11
20	잠언	31	915	92		합 계	929	23,144	3,381

신약성경 통독표

순번	성경 목록	장	절	평균통독 시간/분	순번	성경 목록	장	절	평균통독 시간/분
1	마태복음	28	1,071	130	15	디모데전서	6	113	14
2	마가복음	16	678	81	16	디모데후서	4	83	11
3	누가복음	24	1,151	138	17	디도서	3	46	6
4	요한복음	21	879	110	18	빌레몬서	1	25	2
5	사도행전	28	1,007	127	19	히브리서	13	303	41
6	로마서	16	433	58	20	야고보서	5	108	14
7	고린도전서	16	437	57	21	베드로전서	5	105	15
8	고린도후서	13	256	37	22	베드로후서	3	61	9
9	갈라디아서	6	149	19	23	요한1서	5	105	15
10	에베소서	6	155	18	24	요한2서	1	13	2
11	빌립보서	4	104	14	25	요한3서	1	15	2
12	골로새서	4	95	12	26	유다서	1	25	4
13	데살로니가전서	5	89	12	27	요한계시록	22	404	61
14	데살로니가후서	3	47	6		합 계	260	7,957	1,015

구약성경	39권	23,144절	1,006,953문자	352,319단어	평균 통독시간	56시간
신약성경	27권	7,957절	315,579문자	110,237단어	평균 통독시간	17시간

우리는 성경을 읽지만, 세상은 우리를 읽습니다!

성경은 세상의 모든 책을 담을 수 있는 가장 큰 그릇입니다.
성경 필사는 단순히 베끼어 쓰는 게 아니라, 눈으로 말씀을 읽고 손으로 쓰면서 머리로 생각하는 작업입니다.
눈과 손, 머리를 동시에 동원하므로 성경 필사는 오래전부터 그 효과가 입증된 글쓰기 훈련법입니다.
세계적으로 저명한 사람들은 필사의 경험 없는 사람이 없습니다.

손과 종이 위에 연필 끝이 만나는 순간 미묘한 시간차가 발생합니다. 필사가 제공하는 틈 그 순간에 머리는
가만히 있지 않습니다. 단어와 문장을 거슬러 올라가고 맥락을 헤아리고 성경 말씀을 되새김질 합니다.
또한 눈으로 읽을 때는 미처 보지 못한 내용을 필사 과정에서 발견하고 깨달을 수 있습니다.

성경 필사는 하나님 말씀이 생명력 있게 살아나게 하는 작업입니다. 하나님 말씀이 우리의 마음에 가득할 때,
하나님은 우리의 소원과 기도 제목을 들으시고 이루어 주실 것입니다. 성경의 진리를 오직 말씀과 성령의
조명으로 해석하여 교리를 세우고 모든 삶의 기준과 원칙으로 적용한 청교도처럼, 예수를
가장 잘 믿으며 가장 순수한 신앙으로 살아가는 "크리스천"이 되기를 소망합니다.

엮은이 김영기

우슬북 성경 쓰기 시리즈 특징 ··· *필사와 통독의 기쁨을 함께~!*

볼펜, 만년필로 성경 쓰기 편한 고급 재질의 종이 사용

[우슬북 신약성경 쓰기 시리즈❹ 요한복음] 은 유성볼펜이나 만년필 사용에 적합하도록 도톰하고 고급스런 광택이 나는 재질의 종이를 사용하였습니다.

성경 쓰기 편하도록 페이지가 180도 펼쳐지는 고급 제본

[우슬북 신약성경 쓰기 시리즈❹ 요한복음] 은 책을 펼친 중간 부분이 걸리지 않도록 페이지가 완전히 펼쳐지는 180도 고급 제본을 사용하였습니다.

10여 년의 경험으로 성경 읽고 쓰기 편안한 글씨체 사용

[우슬북 신약성경 쓰기 시리즈❹ 요한복음] 은 통독을 겸한 필사가 가능하도록 읽고 쓰면서 스트레스 받지 않는 글씨체를 10여 년의 실패와 경험으로 선정, 사용하였습니다.

따라쓸 수 있는 한자 병기로 말씀 묵상의 극대화

[우슬북 신약성경 쓰기 시리즈❹ 요한복음] 은 긍정적이고 따라쓰기 쉬운 한자(漢字)를 병기(倂記)하여 깊은 묵상을 극대화하였습니다.

유대인들이 예수를 돌로 치려 하다

²² 예루살렘에 수전절이 이르니 때는 겨울이라

²³ 예수께서 성전 안 솔로몬 행각에서 거니시니

²⁴ 유대인들이 에워싸고 이르되

당신이 언제까지나 우리 마음을 의혹하게 하려 하나이까
그리스도이면 밝히 말씀하소서 하니

²⁵ 예수께서 대답하시되 내가 너희에게 말하였으되 믿지 아니하는도다

내가 내 아버지의 이름으로 행하는 일들이
나를 증거하는 것이거늘

²⁶ 너희가 내 양이 아니므로 믿지 아니하는도다

²⁷ 내 양은 내 음성을 들으며
나는 그들을 알며 그들은 나를 따르느니라

28 내가 그들에게 영생을 주노니 영원히 멸망하지 아니할 것이요
또 그들을 내 손에서 빼앗을 자가 없느니라

29 그들을 주신 내 아버지는 만물보다 크시매

아무도 아버지 손에서 빼앗을 수 없느니라

30 나와 아버지는 하나이니라 하신대

31 유대인들이 다시 돌을 들어 치려 하거늘

32 예수께서 대답하시되 내가 아버지로 말미암아
여러 가지 선한 일로 너희에게 보였거늘
그 중에 어떤 일로 나를 돌로 치려 하느냐

33 유대인들이 대답하되 선한 일로 말미암아 우리가 너를
돌로 치려는 것이 아니라 신성모독으로 인함이니
네가 사람이 되어 자칭 하나님이라 함이로라

³⁴예수께서 이르시되 너희 율법에 기록된 바
내가 너희를 신이라 하였노라 하지 아니하였느냐

³⁵성경은 폐하지 못하나니

하나님의 말씀을 받은 사람들을 신이라 하셨거든

³⁶하물며 아버지께서 거룩하게 하사 세상에 보내신 자가
나는 하나님의 아들이라 하는 것으로
너희가 어찌 신성모독이라 하느냐

³⁷만일 내가 내 아버지의 일을 행하지 아니하거든
나를 믿지 말려니와

³⁸내가 행하거든 나를 믿지 아니할지라도 그 일은 믿으라
그러면 너희가 아버지께서 내 안에 계시고
내가 아버지 안에 있음을 깨달아 알리라 하시니

³⁹그들이 다시 예수를 잡고자 하였으나
그 손에서 벗어나 나가시니라

⁴⁰다시 요단 강 저편 요한이 처음으로

세례(洗禮) 베풀던 곳에 가사 거기 거하시니

⁴¹많은 사람이 왔다가 말하되
요한은 아무 표적(表蹟)도 행하지 아니하였으나
요한이 이 사람을 가리켜 말한 것은 다 참이라 하더라

⁴²그리하여 거기서 많은 사람이 예수를 믿으니라

죽은 나사로를 살리시다

11 ¹어떤 병자가 있으니 이는 마리아와
그 자매 마르다의 마을 베다니에 사는 나사로라

²이 마리아는 향유를 주께 붓고

머리털로 주의 발을 닦던 자요
병든 나사로는 그의 오라버니더라

³ 이에 그 누이들이 예수께 사람을 보내어 이르되

주여 보시옵소서 사랑하시는 자가 병들었나이다 하니

⁴ 예수께서 들으시고 이르시되 이 병은 죽을 병이 아니라
하나님의 영광을 위함이요 하나님의 아들이 이로 말미암아
영광을 받게 하려 함이라 하시더라

⁵ 예수께서 본래 마르다와 그 동생과 나사로를 사랑하시더니

⁶ 나사로가 병들었다 함을 들으시고
그 계시던 곳에 이틀을 더 유하시고

⁷ 그 후에 제자들에게 이르시되 유대로 다시 가자 하시니

⁸ 제자들이 말하되 랍비여

방금도 유대인들이 돌로 치려 하였는데
또 그리로 가시려 하나이까

9 예수께서 대답하시되 낮이 열두 시간이 아니냐
사람이 낮에 다니면 이 세상의 빛을 보므로
실족(失足)하지 아니하고

10 밤에 다니면 빛이 그 사람 안에 없는 고로 실족하느니라

11 이 말씀을 하신 후에 또 이르시되
우리 친구 나사로가 잠들었도다 그러나 내가 깨우러 가노라

12 제자들이 이르되 주여 잠들었으면 낫겠나이다 하더라

13 예수는 그의 죽음을 가리켜 말씀하신 것이나
그들은 잠들어 쉬는 것을 가리켜 말씀하심인 줄 생각하는지라

14 이에 예수께서 밝히 이르시되 나사로가 죽었느니라

¹⁵내가 거기 있지 아니한 것을 너희를 위하여 기뻐하노니
이는 너희로 믿게 하려 함이라 그러나 그에게로 가자 하시니

¹⁶디두모라고도 하는 도마가 다른 제자들에게 말하되

우리도 주와 함께 죽으러 가자 하니라

나는 부활이요 생명이니
¹⁷예수께서 와서 보시니
나사로가 무덤에 있은 지 이미 나흘이라

¹⁸베다니는 예루살렘에서 가깝기가 한 오 리쯤 되매

¹⁹많은 유대인이 마르다와 마리아에게
그 오라비의 일로 위문하러 왔더니

²⁰마르다는 예수께서 오신다는 말을 듣고
곧 나가 맞이하되 마리아는 집에 앉았더라

²¹마르다가 예수께 여짜오되 주께서 여기 계셨더라면
내 오라버니가 죽지 아니하였겠나이다

²²그러나 나는 이제라도 주께서 무엇이든지
하나님께 구하시는 것을 하나님이 주실 줄을 아나이다

²³예수께서 이르시되 네 오라비가 다시 살아나리라

²⁴마르다가 이르되 마지막 날 부활 때에는
다시 살아날 줄을 내가 아나이다

²⁵예수께서 이르시되 나는 부활이요 생명이니
나를 믿는 자는 죽어도 살겠고

²⁶무릇 살아서 나를 믿는 자는
영원히 죽지 아니하리니 이것을 네가 믿느냐

²⁷이르되 주여 그러하외다 주는 그리스도시요

세상에 오시는 하나님의 아들이신 줄 내가 믿나이다

28이 말을 하고 돌아가서 가만히 그 자매 마리아를 불러
말하되 선생님이 오셔서 너를 부르신다 하니

29마리아가 이 말을 듣고 급히 일어나 예수께 나아가매

30예수는 아직 마을로 들어오지 아니하시고
마르다가 맞이했던 곳에 그대로 계시더라

31마리아와 함께 집에 있어 위로하던 유대인들은
그가 급히 일어나 나가는 것을 보고
곡(哭)하러 무덤에 가는 줄로 생각하고 따라가더니

32마리아가 예수 계신 곳에 가서 뵈옵고
그 발 앞에 엎드리어 이르되 주께서 여기 계셨더라면
내 오라버니가 죽지 아니하였겠나이다 하더라

³³예수께서 그가 우는 것과
또 함께 온 유대인들이 우는 것을 보시고
심령에 비통히 여기시고 불쌍히 여기사

³⁴이르시되 그를 어디 두었느냐
이르되 주여 와서 보옵소서 하니

³⁵예수께서 눈물을 흘리시더라

³⁶이에 유대인들이 말하되
보라 그를 얼마나 사랑하셨는가 하며

³⁷그 중 어떤 이는 말하되 맹인의 눈을 뜨게 한 이 사람이
그 사람은 죽지 않게 할 수 없었더냐 하더라

³⁸이에 예수께서 다시 속으로 비통히 여기시며 무덤에 가시니
무덤이 굴이라 돌로 막았거늘

³⁹예수께서 이르시되 돌을 옮겨 놓으라 하시니
그 죽은 자의 누이 마르다가 이르되
주여 죽은 지가 나흘이 되었으매 벌써 냄새가 나나이다

⁴⁰예수께서 이르시되 내 말이 네가 믿으면
하나님의 영광을 보리라 하지 아니하였느냐 하시니

⁴¹돌을 옮겨 놓으니 예수께서 눈을 들어 우러러 보시고
이르시되 아버지여 내 말을 들으신 것을 감사(感謝)하나이다

⁴²항상 내 말을 들으시는 줄을 내가 알았나이다
그러나 이 말씀 하옵는 것은 둘러선 무리를 위함이니

곧 아버지께서 나를 보내신 것을
그들로 믿게 하려 함이니이다

⁴³이 말씀을 하시고 큰 소리로 나사로야 나오라 부르시니

44죽은 자가 수족(手足)을 베로 동인 채로 나오는데
그 얼굴은 수건에 싸였더라
예수께서 이르시되 풀어 놓아 다니게 하라 하시니라

___

예수를 죽이려고 모의하다

45마리아에게 와서 예수께서 하신 일을 본
많은 유대인이 그를 믿었으나

___

46그 중에 어떤 자는 바리새인들에게 가서
예수께서 하신 일을 알리니라

___

47이에 대제사장들과 바리새인들이 공회를 모으고 이르되
이 사람이 많은 표적을 행하니 우리가 어떻게 하겠느냐

___

48만일 그를 이대로 두면 모든 사람이 그를 믿을 것이요
그리고 로마인들이 와서

___

우리 땅과 민족(民族)을 빼앗아 가리라 하니

⁴⁹그 중의 한 사람 그 해의 대제사장인 가야바가
그들에게 말하되 너희가 아무 것도 알지 못하는도다

⁵⁰한 사람이 백성을 위하여 죽어서
온 민족이 망하지 않게 되는 것이 너희에게
유익(有益)한 줄을 생각하지 아니하는도다 하였으니

⁵¹이 말은 스스로 함이 아니요
그 해의 대제사장이므로 예수께서 그 민족을 위하시고

⁵²또 그 민족만 위할 뿐 아니라 흩어진 하나님의 자녀를
모아 하나가 되게 하기 위하여 죽으실 것을 미리 말함이러라

⁵³이 날부터는 그들이 예수를 죽이려고 모의하니라

54 그러므로 예수께서 다시 유대인 가운데
드러나게 다니지 아니하시고 거기를 떠나
빈 들 가까운 곳인 에브라임이라는 동네에 가서

제자들과 함께 거기 머무르시니라

55 유대인의 유월절이 가까우매
많은 사람이 자기를 성결하게 하기 위하여
유월절 전에 시골에서 예루살렘으로 올라갔더니

56 그들이 예수를 찾으며 성전에 서서 서로 말하되
너희 생각에는 어떠하냐
그가 명절(名節)에 오지 아니하겠느냐 하니

57 이는 대제사장들과 바리새인들이 누구든지 예수 있는 곳을
알거든 신고하여 잡게 하라 명령하였음이러라

예수의 발에 향유를 붓다

12

¹ 유월절 엿새 전에 예수께서 베다니에 이르시니
이 곳은 예수께서 죽은 자 가운데서 살리신
나사로가 있는 곳이라

² 거기서 예수를 위하여 잔치할새 마르다는 일을 하고
나사로는 예수와 함께 앉은 자 중에 있더라

³ 마리아는 지극히 비싼 향유 곧 순전한 나드 한 근을
가져다가 예수의 발에 붓고 자기 머리털로
그의 발을 닦으니 향유 냄새가 집에 가득하더라

⁴ 제자 중 하나로서 예수를 잡아 줄 가룟 유다가 말하되

⁵ 이 향유(香油)를 어찌하여 삼백 데나리온에 팔아
가난한 자들에게 주지 아니하였느냐 하니

6 이렇게 말함은 가난한 자들을 생각함이 아니요
 그는 도둑이라 돈궤를 맡고 거기 넣는 것을 훔쳐 감이러라

7 예수께서 이르시되 그를 가만 두어
 나의 장례할 날을 위하여 그것을 간직하게 하라

8 가난한 자들은 항상 너희와 함께 있거니와
 나는 항상 있지 아니하리라 하시니라

나사로까지 죽이려고 모의하다

9 유대인의 큰 무리가 예수께서 여기 계신 줄을 알고 오니
 이는 예수만 보기 위함이 아니요
 죽은 자 가운데서 살리신 나사로도 보려 함이러라

10 대제사장들이 나사로까지 죽이려고 모의하니

11 나사로 때문에 많은 유대인이 가서 예수를 믿음이러라

예루살렘으로 가시다

12 그 이튿날에는 명절에 온 큰 무리가
예수께서 예루살렘으로 오신다는 것을 듣고

13 종려나무 가지를 가지고 맞으러 나가 외치되
호산나 찬송하리로다 주의 이름으로 오시는 이
곧 이스라엘의 왕이시여 하더라

14 예수는 한 어린 나귀를 보고 타시니

15 이는 기록된 바 시온 딸아 두려워하지 말라
보라 너의 왕이 나귀 새끼를 타고 오신다 함과 같더라

16 제자들은 처음에 이 일을 깨닫지 못하였다가
예수께서 영광(榮光)을 얻으신 후에야

이것이 예수께 대하여 기록된 것임과

사람들이 예수께 이같이 한 것임이 생각났더라

¹⁷나사로를 무덤에서 불러내어 죽은 자 가운데서
살리실 때에 함께 있던 무리가 증언한지라

¹⁸이에 무리가 예수를 맞음은 이 표적 행하심을 들었음이러라

¹⁹바리새인들이 서로 말하되
볼지어다 너희 하는 일이 쓸 데 없다
보라 온 세상이 그를 따르는도다 하니라

인자가 들려야 하리라
²⁰명절에 예배하러 올라온 사람 중에 헬라인 몇이 있는데

²¹그들이 갈릴리 벳새다 사람 빌립에게 가서 청하여 이르되
선생이여 우리가 예수를 뵈옵고자 하나이다 하니

²²빌립이 안드레에게 가서 말하고

안드레와 빌립이 예수께 가서 여쭈니

²³ 예수께서 대답하여 이르시되
인자가 영광을 얻을 때가 왔도다

²⁴ 내가 진실로 진실로 너희에게 이르노니
한 알의 밀이 땅에 떨어져 죽지 아니하면
한 알 그대로 있고 죽으면 많은 열매를 맺느니라

²⁵ 자기의 생명을 사랑하는 자는 잃어버릴 것이요
이 세상에서 자기의 생명을 미워하는 자는
영생하도록 보전(保全)하리라

²⁶ 사람이 나를 섬기려면 나를 따르라
나 있는 곳에 나를 섬기는 자도 거기 있으리니
사람이 나를 섬기면 내 아버지께서 그를 귀히 여기시리라

²⁷지금 내 마음이 괴로우니 무슨 말을 하리요
아버지여 나를 구원하여 이 때를 면하게 하여 주옵소서
그러나 내가 이를 위하여 이 때에 왔나이다

²⁸아버지여, 아버지의 이름을 영광스럽게 하옵소서 하시니
이에 하늘에서 소리가 나서 이르되 내가 이미 영광스럽게
하였고 또다시 영광스럽게 하리라 하시니

²⁹곁에 서서 들은 무리는 천둥이 울었다고도 하며
또 어떤 이들은 천사가 그에게 말하였다고도 하니

³⁰예수께서 대답하여 이르시되 이 소리가 난 것은
나를 위한 것이 아니요 너희를 위한 것이니라

³¹이제 이 세상에 대한 심판이 이르렀으니
이 세상의 임금이 쫓겨나리라

³²내가 땅에서 들리면 모든 사람을 내게로 이끌겠노라 하시니

³³이렇게 말씀하심은 자기가 어떠한 죽음으로 죽을 것을
보이심이러라

³⁴이에 무리가 대답하되 우리는 율법에서
그리스도가 영원히 계신다 함을 들었거늘

너는 어찌하여 인자가 들려야 하리라 하느냐
이 인자는 누구냐

³⁵예수께서 이르시되 아직 잠시 동안 빛이 너희 중에 있으니
빛이 있을 동안에 다녀 어둠에 붙잡히지 않게 하라
어둠에 다니는 자는 그 가는 곳을 알지 못하느니라

³⁶너희에게 아직 빛이 있을 동안에 빛을 믿으라
그리하면 빛의 아들이 되리라

그들이 예수를 믿지 아니하다

예수께서 이 말씀을 하시고 그들을 떠나가서 숨으시니라

37 이렇게 많은 표적을 그들 앞에서 행하셨으나
그를 믿지 아니하니

38 이는 선지자 이사야의 말씀을 이루려 하심이라
이르되 주여 우리에게서 들은 바를 누가 믿었으며
주의 팔이 누구에게 나타났나이까 하였더라

39 그들이 능히 믿지 못한 것은 이 때문이니
곧 이사야가 다시 일렀으되

40 그들의 눈을 멀게 하시고 그들의 마음을 완고하게 하셨으니
이는 그들로 하여금 눈으로 보고 마음으로 깨닫고 돌이켜
내게 고침을 받지 못하게 하려 함이라 하였음이더라

⁴¹이사야가 이렇게 말한 것은
주의 영광을 보고 주를 가리켜 말한 것이라

⁴²그러나 관리 중에도 그를 믿는 자가 많되
바리새인들 때문에 드러나게 말하지 못하니
이는 출교를 당할까 두려워함이라

⁴³그들은 사람의 영광을 하나님의 영광보다 더 사랑하였더라

마지막 날과 심판

⁴⁴예수께서 외쳐 이르시되
나를 믿는 자는 나를 믿는 것이 아니요
나를 보내신 이를 믿는 것이며

⁴⁵나를 보는 자는 나를 보내신 이를 보는 것이니라

⁴⁶나는 빛으로 세상에 왔나니

무릇 나를 믿는 자로 어둠에 거하지 않게 하려 함이로라

47 사람이 내 말을 듣고 지키지 아니할지라도
내가 그를 심판하지 아니하노라

내가 온 것은 세상을 심판하려 함이 아니요
세상을 구원하려 함이로라

48 나를 저버리고 내 말을 받지 아니하는 자를
심판할 이가 있으니 곧 내가 한 그 말이
마지막 날에 그를 심판하리라

49 내가 내 자의(自意)로 말한 것이 아니요
나를 보내신 아버지께서 내가 말할 것과 이를 것을
친히 명령하여 주셨으니

50 나는 그의 명령이 영생(永生)인 줄 아노라

그러므로 내가 이르는 것은
내 아버지께서 내게 말씀하신 그대로니라 하시니라

제자들의 발을 씻으시다

13 ¹ 유월절 전에 예수께서 자기가 세상(世上)을 떠나
아버지께로 돌아가실 때가 이른 줄 아시고

세상에 있는 자기 사람들을 사랑하시되
끝까지 사랑하시니라

² 마귀가 벌써 시몬의 아들 가룟 유다의 마음에
예수를 팔려는 생각을 넣었더라

³ 저녁 먹는 중 예수는 아버지께서 모든 것을
자기 손에 맡기신 것과 또 자기가 하나님께로부터 오셨다가
하나님께로 돌아가실 것을 아시고

4 저녁 잡수시던 자리에서 일어나 겉옷을 벗고
수건을 가져다가 허리에 두르시고

5 이에 대야에 물을 떠서 제자들의 발을 씻으시고
그 두르신 수건으로 닦기를 시작하여

6 시몬 베드로에게 이르시니 베드로가 이르되
주여 주께서 내 발을 씻으시나이까

7 예수께서 대답하여 이르시되 내가 하는 것을
네가 지금은 알지 못하나 이 후에는 알리라

8 베드로가 이르되 내 발을 절대로 씻지 못하시리이다
예수께서 대답하시되 내가 너를 씻어 주지 아니하면
네가 나와 상관이 없느니라

9 시몬 베드로가 이르되

주여 내 발뿐 아니라 손과 머리도 씻어 주옵소서

¹⁰예수께서 이르시되 이미 목욕(沐浴)한 자는
발밖에 씻을 필요가 없느니라 온 몸이 깨끗하니라
너희가 깨끗하나 다는 아니니라 하시니

¹¹이는 자기를 팔 자가 누구인지 아심이라
그러므로 다는 깨끗하지 아니하다 하시니라

¹²그들의 발을 씻으신 후에 옷을 입으시고
다시 앉아 그들에게 이르시되
내가 너희에게 행한 것을 너희가 아느냐

¹³너희가 나를 선생(先生)이라 또는 주라 하니
너희 말이 옳도다 내가 그러하다

¹⁴내가 주와 또는 선생이 되어 너희 발을 씻었으니

너희도 서로 발을 씻어 주는 것이 옳으니라

¹⁵ 내가 너희에게 행한 것 같이
너희도 행하게 하려 하여 본을 보였노라

¹⁶ 내가 진실로 진실로 너희에게 이르노니
종이 주인(主人)보다 크지 못하고
보냄을 받은 자가 보낸 자보다 크지 못하나니

¹⁷ 너희가 이것을 알고 행하면 복이 있으리라

¹⁸ 내가 너희 모두를 가리켜 말하는 것이 아니니라
나는 내가 택한 자들이 누구인지 앎이라

그러나 내 떡을 먹는 자가 내게 발꿈치를 들었다 한
성경을 응하게 하려는 것이니라

¹⁹ 지금부터 일이 일어나기 전에 미리 너희에게 일러 둠은

일이 일어날 때에 내가 그인 줄 너희가 믿게 하려 함이로라

²⁰내가 진실로 진실로 너희에게 이르노니
내가 보낸 자를 영접하는 자는 나를 영접하는 것이요
나를 영접하는 자는 나를 보내신 이를 영접하는 것이니라

너희 중 하나가 나를 팔리라

²¹예수께서 이 말씀을 하시고 심령이 괴로워 증언하여
이르시되 내가 진실로 진실로 너희에게 이르노니
너희 중 하나가 나를 팔리라 하시니

²²제자들이 서로 보며
누구에게 대하여 말씀하시는지 의심하더라

²³예수의 제자 중 하나 곧 그가 사랑하시는 자가
예수의 품에 의지하여 누웠는지라

²⁴시몬 베드로가 머릿짓을 하여 말하되
말씀하신 자가 누구인지 말하라 하니

²⁵그가 예수의 가슴에 그대로 의지(依支)하여 말하되
주여 누구니이까

²⁶예수께서 대답하시되
내가 떡 한 조각을 적셔다 주는 자가 그니라 하시고
곧 한 조각을 적셔서 가룻 시몬의 아들 유다에게 주시니

²⁷조각을 받은 후 곧 사탄이 그 속에 들어간지라
이에 예수께서 유다에게 이르시되
네가 하는 일을 속히 하라 하시니

²⁸이 말씀을 무슨 뜻으로 하셨는지
그 앉은 자 중에 아는 자가 없고

²⁹어떤 이들은 유다가 돈궤를 맡았으므로
명절에 우리가 쓸 물건을 사라 하시는지 혹은
가난한 자들에게 무엇을 주라 하시는 줄로 생각하더라

³⁰유다가 그 조각을 받고 곧 나가니 밤이러라

새 계명

³¹그가 나간 후에 예수께서 이르시되
지금 인자가 영광을 받았고
하나님도 인자로 말미암아 영광을 받으셨도다

³²만일 하나님이 그로 말미암아 영광을 받으셨으면
하나님도 자기로 말미암아 그에게 영광을 주시리니
곧 주시리라

³³작은 자들아 내가 아직 잠시 너희와 함께 있겠노라

너희가 나를 찾을 것이나 일찍이 내가 유대인들에게
너희는 내가 가는 곳에 올 수 없다고 말한 것과 같이
지금 너희에게도 이르노라

³⁴새 계명을 너희에게 주노니 서로 사랑하라
내가 너희를 사랑한 것 같이 너희도 서로 사랑하라

³⁵너희가 서로 사랑하면 이로써
모든 사람이 너희가 내 제자인 줄 알리라

베드로가 부인할 것을 이르시다

³⁶시몬 베드로가 이르되 주여 어디로 가시나이까
예수께서 대답하시되 내가 가는 곳에
네가 지금은 따라올 수 없으나 후에는 따라오리라

³⁷베드로가 이르되 주여

내가 지금은 어찌하여 따라갈 수 없나이까
주를 위하여 내 목숨을 버리겠나이다

³⁸예수께서 대답하시되
네가 나를 위하여 네 목숨을 버리겠느냐

내가 진실로 진실로 네게 이르노니
닭 울기 전에 네가 세 번 나를 부인하리라

내가 곧 길이요 진리요 생명이니

14

¹ 너희는 마음에 근심하지 말라
하나님을 믿으니 또 나를 믿으라

² 내 아버지 집에 거할 곳이 많도다
그렇지 않으면 너희에게 일렀으리라
내가 너희를 위하여 거처를 예비하러 가노니

3 가서 너희를 위하여 거처를 예비하면
내가 다시 와서 너희를 내게로 영접하여
나 있는 곳에 너희도 있게 하리라

4 내가 어디로 가는지 그 길을 너희가 아느니라

5 도마가 이르되 주여
주께서 어디로 가시는지 우리가 알지 못하거늘
그 길을 어찌 알겠사옵나이까

6 예수께서 이르시되 내가 곧 길이요 진리(眞理)요 생명이니
나로 말미암지 않고는 아버지께로 올 자가 없느니라

7 너희가 나를 알았더라면 내 아버지도 알았으리로다
이제부터는 너희가 그를 알았고 또 보았느니라

8 빌립이 이르되 주여 아버지를 우리에게 보여 주옵소서

그리하면 족하겠나이다

9 예수께서 이르시되 빌립아 내가 이렇게 오래
너희와 함께 있으되 네가 나를 알지 못하느냐

나를 본 자는 아버지를 보았거늘
어찌하여 아버지를 보이라 하느냐

10 내가 아버지 안에 거하고
아버지는 내 안에 계신 것을 네가 믿지 아니하느냐

내가 너희에게 이르는 말은 스스로 하는 것이 아니라
아버지께서 내 안에 계셔서 그의 일을 하시는 것이라

11 내가 아버지 안에 거하고 아버지께서 내 안에 계심을 믿으라
그렇지 못하겠거든 행하는 그 일로 말미암아 나를 믿으라

12 내가 진실로 진실로 너희에게 이르노니

나를 믿는 자는 내가 하는 일을 그도 할 것이요
또한 그보다 큰 일도 하리니 이는 내가 아버지께로 감이라

---

¹³너희가 내 이름으로 무엇을 구하든지 내가 행(行)하리니
이는 아버지로 하여금 아들로 말미암아
영광을 받으시게 하려 함이라

---

¹⁴내 이름으로 무엇이든지 내게 구하면 내가 행하리라

---

¹⁵너희가 나를 사랑하면 나의 계명을 지키리라

---

¹⁶내가 아버지께 구하겠으니
그가 또 다른 보혜사(保惠師)를 너희에게 주사
영원토록 너희와 함께 있게 하리니

---

¹⁷그는 진리의 영이라 세상은 능히 그를 받지 못하나니
이는 그를 보지도 못하고 알지도 못함이라

그러나 너희는 그를 아나니 그는 너희와 함께 거하심이요
또 너희 속에 계시겠음이라

18 내가 너희를 고아와 같이 버려두지 아니하고
너희에게로 오리라

19 조금 있으면 세상은 다시 나를 보지 못할 것이로되
너희는 나를 보리니 이는 내가 살아 있고
너희도 살아 있겠음이라

20 그 날에는 내가 아버지 안에, 너희가 내 안에,
내가 너희 안에 있는 것을 너희가 알리라

21 나의 계명을 지키는 자라야 나를 사랑하는 자니
나를 사랑하는 자는 내 아버지께 사랑을 받을 것이요
나도 그를 사랑하여 그에게 나를 나타내리라

²²가룟인 아닌 유다가 이르되 주여
어찌하여 자기를 우리에게는 나타내시고
세상에는 아니하려 하시나이까

²³예수께서 대답하여 이르시되
사람이 나를 사랑하면 내 말을 지키리니

내 아버지께서 그를 사랑하실 것이요
우리가 그에게 가서 거처를 그와 함께 하리라

²⁴나를 사랑하지 아니하는 자는 내 말을 지키지 아니하나니
너희가 듣는 말은 내 말이 아니요
나를 보내신 아버지의 말씀이니라

보혜사

²⁵내가 아직 너희와 함께 있어서 이 말을 너희에게 하였거니와

²⁶보혜사 곧 아버지께서 내 이름으로 보내실
성령 그가 너희에게 모든 것을 가르치고
내가 너희에게 말한 모든 것을 생각나게 하리라

²⁷평안을 너희에게 끼치노니 곧 나의 평안을 너희에게 주노라
내가 너희에게 주는 것은 세상이 주는 것과 같지 아니하니라
너희는 마음에 근심하지도 말고 두려워하지도 말라

²⁸내가 갔다가 너희에게로 온다 하는 말을 너희가 들었나니
나를 사랑하였더라면 내가 아버지께로 감을 기뻐하였으리라
아버지는 나보다 크심이라

²⁹이제 일이 일어나기 전에 너희에게 말한 것은
일이 일어날 때에 너희로 믿게 하려 함이라

³⁰이 후에는 내가 너희와 말을 많이 하지 아니하리니

이 세상의 임금이 오겠음이라
그러나 그는 내게 관계할 것이 없으니

---

³¹오직 내가 아버지를 사랑하는 것과 아버지께서 명하신 대로
행하는 것을 세상이 알게 하려 함이로라
일어나라 여기를 떠나자 하시니라

나는 포도나무요 너희는 가지라

15
¹ 나는 참포도나무요 내 아버지는 농부라

---

² 무릇 내게 붙어 있어 열매를 맺지 아니하는 가지는
아버지께서 그것을 제거해 버리시고

무릇 열매를 맺는 가지는 더 열매를 맺게 하려 하여
그것을 깨끗하게 하시느니라

---

³ 너희는 내가 일러준 말로 이미 깨끗하여졌으니

4 내 안에 거하라 나도 너희 안에 거(居)하리라
가지가 포도나무에 붙어 있지 아니하면

스스로 열매를 맺을 수 없음 같이
너희도 내 안에 있지 아니하면 그러하리라

5 나는 포도나무요 너희는 가지라
그가 내 안에, 내가 그 안에 거하면

사람이 열매를 많이 맺나니
나를 떠나서는 너희가 아무 것도 할 수 없음이라

6 사람이 내 안에 거하지 아니하면
가지처럼 밖에 버려져 마르나니
사람들이 그것을 모아다가 불에 던져 사르느니라

7 너희가 내 안에 거하고 내 말이 너희 안에 거하면

무엇이든지 원하는 대로 구하라 그리하면 이루리라

⁸ 너희가 열매를 많이 맺으면
내 아버지께서 영광을 받으실 것이요
너희는 내 제자가 되리라

⁹ 아버지께서 나를 사랑하신 것 같이
나도 너희를 사랑하였으니 나의 사랑 안에 거하라

¹⁰내가 아버지의 계명을 지켜 그의 사랑 안에 거하는 것 같이
너희도 내 계명을 지키면 내 사랑 안에 거하리라

¹¹내가 이것을 너희에게 이름은 내 기쁨이 너희 안에 있어
너희 기쁨을 충만하게 하려 함이라

¹²내 계명은 곧 내가 너희를 사랑한 것 같이
너희도 서로 사랑하라 하는 이것이니라

¹³사람이 친구(親舊)를 위하여 자기 목숨을 버리면
이보다 더 큰 사랑이 없나니

¹⁴너희는 내가 명하는 대로 행하면 곧 나의 친구라

¹⁵이제부터는 너희를 종이라 하지 아니하리니
종은 주인(主人)이 하는 것을 알지 못함이라

너희를 친구라 하였노니 내가 내 아버지께 들은 것을
다 너희에게 알게 하였음이라

¹⁶너희가 나를 택한 것이 아니요 내가 너희를 택하여 세웠나니
이는 너희로 가서 열매를 맺게 하고

또 너희 열매가 항상 있게 하여 내 이름으로 아버지께
무엇을 구하든지 다 받게 하려 함이라

¹⁷내가 이것을 너희에게 명함은

너희로 서로 사랑하게 하려 함이라

¹⁸세상이 너희를 미워하면
너희보다 먼저 나를 미워한 줄을 알라

¹⁹너희가 세상에 속하였으면 세상이 자기의 것을 사랑할 것이나
너희는 세상에 속한 자가 아니요

도리어 내가 너희를 세상에서 택하였기 때문에
세상이 너희를 미워하느니라

²⁰내가 너희에게 종이 주인보다
더 크지 못하다 한 말을 기억하라

사람들이 나를 박해하였은즉 너희도 박해할 것이요
내 말을 지켰은즉 너희 말도 지킬 것이라

²¹그러나 사람들이 내 이름으로 말미암아

이 모든 일을 너희에게 하리니
이는 나를 보내신 이를 알지 못함이라

²²내가 와서 그들에게 말하지 아니하였더라면
죄가 없었으려니와 지금은 그 죄를 핑계할 수 없느니라

²³나를 미워하는 자는 또 내 아버지를 미워하느니라

²⁴내가 아무도 못한 일을 그들 중에서 하지 아니하였더라면
그들에게 죄가 없었으려니와 지금은 그들이
나와 내 아버지를 보았고 또 미워하였도다

²⁵그러나 이는 그들의 율법에 기록된 바
그들이 이유 없이 나를 미워하였다 한 말을
응하게 하려 함이라

²⁶내가 아버지께로부터 너희에게 보낼 보혜사

곧 아버지께로부터 나오시는 진리의 성령이 오실 때에
그가 나를 증언하실 것이요

²⁷ 너희도 처음부터 나와 함께 있었으므로 증언하느니라

성령의 일

16 ¹ 내가 이것을 너희에게 이름은
너희로 실족(失足)하지 않게 하려 함이니

² 사람들이 너희를 출교할 뿐 아니라 때가 이르면
무릇 너희를 죽이는 자가 생각하기를
이것이 하나님을 섬기는 일이라 하리라

³ 그들이 이런 일을 할 것은 아버지와 나를 알지 못함이라

⁴ 오직 너희에게 이 말을 한 것은 너희로 그 때를 당하면
내가 너희에게 말한 이것을 기억(記憶)나게 하려 함이요

처음부터 이 말을 하지 아니한 것은
내가 너희와 함께 있었음이라

⁵ 지금 내가 나를 보내신 이에게로 가는데
너희 중에서 나더러 어디로 가는지 묻는 자가 없고

⁶ 도리어 내가 이 말을 하므로
너희 마음에 근심이 가득하였도다

⁷ 그러나 내가 너희에게 실상을 말하노니
내가 떠나가는 것이 너희에게 유익이라

내가 떠나가지 아니하면
보혜사가 너희에게로 오시지 아니할 것이요
가면 내가 그를 너희에게로 보내리니

⁸ 그가 와서 죄에 대하여, 의에 대하여,

심판에 대하여 세상을 책망(責望)하시리라

9 죄에 대하여라 함은 그들이 나를 믿지 아니함이요

10 의(義)에 대하여라 함은 내가 아버지께로 가니
너희가 다시 나를 보지 못함이요

11 심판에 대하여라 함은 이 세상 임금이 심판을 받았음이라

12 내가 아직도 너희에게 이를 것이 많으나
지금은 너희가 감당하지 못하리라

13 그러나 진리의 성령이 오시면
그가 너희를 모든 진리 가운데로 인도하시리니

그가 스스로 말하지 않고 오직 들은 것을 말하며
장래 일을 너희에게 알리시리라

14 그가 내 영광을 나타내리니

내 것을 가지고 너희에게 알리시겠음이라

15 무릇 아버지께 있는 것은 다 내 것이라
그러므로 내가 말하기를 그가 내 것을 가지고
너희에게 알리시리라 하였노라

16 조금 있으면 너희가 나를 보지 못하겠고
또 조금 있으면 나를 보리라 하시니

17 제자 중에서 서로 말하되
우리에게 말씀하신 바 조금 있으면 나를 보지 못하겠고

또 조금 있으면 나를 보리라 하시며
또 내가 아버지께로 감이라 하신 것이 무슨 말씀이냐 하고

18 또 말하되 조금 있으면이라 하신 말씀이 무슨 말씀이냐
무엇을 말씀하시는지 알지 못하노라 하거늘

¹⁹예수께서 그 묻고자 함을 아시고 이르시되
내 말이 조금 있으면 나를 보지 못하겠고
또 조금 있으면 나를 보리라 하므로 서로 문의하느냐

²⁰내가 진실로 진실로 너희에게 이르노니
너희는 곡하고 애통하겠으나 세상은 기뻐하리라
너희는 근심하겠으나 너희 근심이 도리어 기쁨이 되리라

²¹여자가 해산하게 되면 그 때가 이르렀으므로 근심하나
아기를 낳으면 세상에 사람 난 기쁨으로 말미암아
그 고통을 다시 기억하지 아니하느니라

²²지금은 너희가 근심하나 내가 다시 너희를 보리니
너희 마음이 기쁠 것이요 너희 기쁨을 빼앗을 자가 없으리라

²³그 날에는 너희가 아무 것도 내게 묻지 아니하리라

내가 진실로 진실로 너희에게 이르노니 너희가 무엇이든지
아버지께 구하는 것을 내 이름으로 주시리라

²⁴지금까지는 너희가 내 이름으로
아무 것도 구하지 아니하였으나 구하라
그리하면 받으리니 너희 기쁨이 충만(充滿)하리라

내가 세상을 이기었다

²⁵이것을 비유로 너희에게 일렀거니와
때가 이르면 다시는 비유로 너희에게 이르지 않고
아버지에 대한 것을 밝히 이르리라

²⁶그 날에 너희가 내 이름으로 구할 것이요
내가 너희를 위하여 아버지께 구하겠다 하는 말이 아니니

²⁷이는 너희가 나를 사랑하고

또 내가 하나님께로부터 온 줄 믿었으므로
아버지께서 친히 너희를 사랑하심이라

²⁸내가 아버지에게서 나와 세상에 왔고
다시 세상을 떠나 아버지께로 가노라 하시니

²⁹제자들이 말하되 지금은 밝히 말씀하시고
아무 비유로도 하지 아니하시니

³⁰우리가 지금에야 주께서 모든 것을 아시고
또 사람의 물음을 기다리시지 않는 줄 아나이다
이로써 하나님께로부터 나오심을 우리가 믿사옵나이다

³¹예수께서 대답하시되 이제는 너희가 믿느냐

³²보라 너희가 다 각각 제 곳으로 흩어지고
나를 혼자 둘 때가 오나니 벌써 왔도다

그러나 내가 혼자 있는 것이 아니라
아버지께서 나와 함께 계시느니라

³³이것을 너희에게 이르는 것은
너희로 내 안에서 평안을 누리게 하려 함이라

세상에서는 너희가 환난을 당하나
담대하라 내가 세상을 이기었노라

기도하시다

17 ¹예수께서 이 말씀을 하시고 눈을 들어
하늘을 우러러 이르시되 아버지여

때가 이르렀사오니 아들을 영화롭게 하사
아들로 아버지를 영화롭게 하게 하옵소서

²아버지께서 아들에게 주신 모든 사람에게

영생을 주게 하시려고 만민을 다스리는 권세를
아들에게 주셨음이로소이다

³ 영생은 곧 유일하신 참 하나님과
그가 보내신 자 예수 그리스도를 아는 것이니이다

⁴ 아버지께서 내게 하라고 주신 일을 내가 이루어
아버지를 이 세상에서 영화롭게 하였사오니

⁵ 아버지여 창세 전에 내가 아버지와 함께 가졌던 영화로써
지금도 아버지와 함께 나를 영화롭게 하옵소서

⁶ 세상 중에서 내게 주신 사람들에게
내가 아버지의 이름을 나타내었나이다

그들은 아버지의 것이었는데 내게 주셨으며
그들은 아버지의 말씀을 지키었나이다

7 지금 그들은 아버지께서 내게 주신 것이
다 아버지로부터 온 것인 줄 알았나이다

8 나는 아버지께서 내게 주신 말씀들을 그들에게 주었사오며
그들은 이것을 받고 내가 아버지께로부터 나온 줄을
참으로 아오며 아버지께서 나를 보내신 줄도 믿었사옵나이다

9 내가 그들을 위하여 비옵나니 내가 비옵는 것은
세상을 위함이 아니요 내게 주신 자들을 위함이니이다
그들은 아버지의 것이로소이다

10 내 것은 다 아버지의 것이요 아버지의 것은 내 것이온데
내가 그들로 말미암아 영광을 받았나이다

11 나는 세상에 더 있지 아니하오나 그들은 세상에 있사옵고
나는 아버지께로 가옵나니 거룩하신 아버지여

내게 주신 아버지의 이름으로 그들을 보전하사
우리와 같이 그들도 하나가 되게 하옵소서

¹²내가 그들과 함께 있을 때에 내게 주신 아버지의 이름으로
그들을 보전하고 지키었나이다

그 중의 하나도 멸망하지 않고 다만 멸망의 자식뿐이오니
이는 성경을 응하게 함이니이다

¹³지금 내가 아버지께로 가오니
내가 세상에서 이 말을 하옵는 것은 그들로 내 기쁨을
그들 안에 충만히 가지게 하려 함이니이다

¹⁴내가 아버지의 말씀을 그들에게 주었사오매
세상이 그들을 미워하였사오니
이는 내가 세상에 속하지 아니함 같이

그들도 세상에 속하지 아니함으로 인함이니이다

15 내가 비옵는 것은 그들을 세상에서
데려가시기를 위함이 아니요
다만 악에 빠지지 않게 보전하시기를 위함이니이다

16 내가 세상에 속하지 아니함 같이
그들도 세상에 속하지 아니하였사옵나이다

17 그들을 진리(眞理)로 거룩하게 하옵소서
아버지의 말씀은 진리니이다

18 아버지께서 나를 세상에 보내신 것 같이
나도 그들을 세상에 보내었고

19 또 그들을 위하여 내가 나를 거룩하게 하오니
이는 그들도 진리로 거룩함을 얻게 하려 함이니이다

²⁰내가 비옵는 것은 이 사람들만 위함이 아니요
또 그들의 말로 말미암아 나를 믿는 사람들도 위함이니

²¹아버지여, 아버지께서 내 안에,
내가 아버지 안에 있는 것 같이

그들도 다 하나가 되어 우리 안에 있게 하사
세상으로 아버지께서 나를 보내신 것을 믿게 하옵소서

²²내게 주신 영광을 내가 그들에게 주었사오니
이는 우리가 하나가 된 것 같이
그들도 하나가 되게 하려 함이니이다

²³곧 내가 그들 안에 있고 아버지께서 내 안에 계시어
그들로 온전함을 이루어 하나가 되게 하려 함은
아버지께서 나를 보내신 것과 또 나를 사랑하심 같이

그들도 사랑하신 것을 세상으로 알게 하려 함이로소이다

²⁴아버지여 내게 주신 자도 나 있는 곳에 나와 함께 있어
아버지께서 창세 전부터 나를 사랑하시므로
내게 주신 나의 영광을 그들로 보게 하시기를 원하옵나이다

²⁵의로우신 아버지여 세상이 아버지를 알지 못하여도
나는 아버지를 알았사옵고
그들도 아버지께서 나를 보내신 줄 알았사옵나이다

²⁶내가 아버지의 이름을 그들에게 알게 하였고 또 알게 하리니
이는 나를 사랑하신 사랑이 그들 안에 있고
나도 그들 안에 있게 하려 함이니이다

잡히시다

18 ¹예수께서 이 말씀을 하시고

제자들과 함께 기드론 시내 건너편으로 나가시니
그 곳에 동산이 있는데 제자들과 함께 들어가시니라

2 그 곳은 가끔 예수께서 제자들과 모이시는 곳이므로
예수를 파는 유다도 그 곳을 알더라

3 유다가 군대와 대제사장들과 바리새인들에게서 얻은
아랫사람들을 데리고 등(燈)과 횃불과 무기를 가지고
그리로 오는지라

4 예수께서 그 당할 일을 다 아시고 나아가 이르시되
너희가 누구를 찾느냐

5 대답하되 나사렛 예수라 하거늘
이르시되 내가 그니라 하시니라
그를 파는 유다도 그들과 함께 섰더라

⁶ 예수께서 그들에게 내가 그니라 하실 때에
그들이 물러가서 땅에 엎드러지는지라

⁷ 이에 다시 누구를 찾느냐고 물으신대
그들이 말하되 나사렛 예수라 하거늘

⁸ 예수께서 대답하시되 너희에게 내가 그니라 하였으니
나를 찾거든 이 사람들이 가는 것은 용납하라 하시니

⁹ 이는 아버지께서 내게 주신 자 중에서
하나도 잃지 아니하였사옵나이다 하신 말씀을
응하게 하려 함이러라

¹⁰ 이에 시몬 베드로가 칼을 가졌는데
그것을 빼어 대제사장의 종을 쳐서
오른편 귀를 베어버리니 그 종의 이름은 말고라

¹¹예수께서 베드로더러 이르시되 칼을 칼집에 꽂으라
아버지께서 주신 잔을 내가 마시지 아니하겠느냐 하시니라

안나스에게로 끌고 가다

¹²이에 군대와 천부장과 유대인의 아랫사람들이
예수를 잡아 결박하여

¹³먼저 안나스에게로 끌고 가니
안나스는 그 해의 대제사장인 가야바의 장인이라

¹⁴가야바는 유대인들에게 한 사람이 백성을 위하여
죽는 것이 유익하다고 권고하던 자러라

베드로가 제자가 아니라고 하다

¹⁵시몬 베드로와 또 다른 제자 한 사람이 예수를 따르니
이 제자는 대제사장과 아는 사람이라

예수와 함께 대제사장의 집 뜰에 들어가고

¹⁶베드로는 문 밖에 서 있는지라
대제사장을 아는 그 다른 제자가 나가서
문 지키는 여자에게 말하여 베드로를 데리고 들어오니

¹⁷문 지키는 여종이 베드로에게 말하되
너도 이 사람의 제자 중 하나가 아니냐 하니
그가 말하되 나는 아니라 하고

¹⁸그 때가 추운 고로 종과 아랫사람들이 불을 피우고
서서 쬐니 베드로도 함께 서서 쬐더라

대제사장이 예수에게 묻다
¹⁹대제사장이 예수에게
그의 제자들과 그의 교훈(敎訓)에 대하여 물으니

²⁰예수께서 대답하시되 내가 드러내 놓고 세상에 말하였노라
모든 유대인들이 모이는 회당과 성전에서 항상 가르쳤고
은밀하게는 아무 것도 말하지 아니하였거늘

²¹어찌하여 내게 묻느냐
내가 무슨 말을 하였는지 들은 자들에게 물어 보라
그들이 내가 하던 말을 아느니라

²²이 말씀을 하시매 곁에 섰던 아랫사람 하나가
손으로 예수를 쳐 이르되
네가 대제사장에게 이같이 대답하느냐 하니

²³예수께서 대답하시되
내가 말을 잘못하였으면 그 잘못한 것을 증언하라
바른 말을 하였으면 네가 어찌하여 나를 치느냐 하시더라

²⁴안나스가 예수를 결박한 그대로
대제사장 가야바에게 보내니라

베드로가 다시 제자가 아니라고 하다

²⁵시몬 베드로가 서서 불을 쬐더니 사람들이 묻되
너도 그 제자 중 하나가 아니냐
베드로가 부인(否認)하여 이르되 나는 아니라 하니

²⁶대제사장의 종 하나는
베드로에게 귀를 잘린 사람의 친척이라

이르되 네가 그 사람과 함께 동산에 있는 것을
내가 보지 아니하였느냐

²⁷이에 베드로가 또 부인하니 곧 닭이 울더라

빌라도 앞에 서시다

²⁸그들이 예수를 가야바에게서 관정으로 끌고 가니 새벽이라
그들은 더럽힘을 받지 아니하고 유월절 잔치를 먹고자 하여
관정에 들어가지 아니하더라

²⁹그러므로 빌라도가 밖으로 나가서 그들에게 말하되
너희가 무슨 일로 이 사람을 고발하느냐

³⁰대답하여 이르되 이 사람이 행악자가 아니었더라면
우리가 당신에게 넘기지 아니하였겠나이다

³¹빌라도가 이르되
너희가 그를 데려다가 너희 법대로 재판하라

유대인들이 이르되
우리에게는 사람을 죽이는 권한(權限)이 없나이다 하니

³²이는 예수께서 자기가 어떠한 죽음으로 죽을 것을

가리켜 하신 말씀을 응하게 하려 함이러라

³³이에 빌라도가 다시 관정에 들어가 예수를 불러 이르되
네가 유대인의 왕이냐

³⁴예수께서 대답하시되 이는 네가 스스로 하는 말이냐
다른 사람들이 나에 대하여 네게 한 말이냐

³⁵빌라도가 대답하되 내가 유대인이냐
네 나라 사람과 대제사장들이 너를 내게 넘겼으니
네가 무엇을 하였느냐

³⁶예수께서 대답하시되
내 나라는 이 세상에 속한 것이 아니니라

만일 내 나라가 이 세상에 속한 것이었더라면
내 종들이 싸워 나로 유대인들에게 넘겨지지 않게 하였으리라

이제 내 나라는 여기에 속한 것이 아니니라

37 빌라도가 이르되 그러면 네가 왕이 아니냐
예수께서 대답하시되 네 말과 같이 내가 왕이니라

내가 이를 위하여 태어났으며 이를 위하여 세상에 왔나니
곧 진리에 대하여 증언하려 함이로라
무릇 진리에 속한 자는 내 음성을 듣느니라 하신대

38 빌라도가 이르되 진리가 무엇이냐 하더라

십자가에 못 박도록 예수를 넘겨 주다
이 말을 하고 다시 유대인들에게 나가서 이르되
나는 그에게서 아무 죄도 찾지 못하였노라

39 유월절이면 내가 너희에게
한 사람을 놓아 주는 전례가 있으니

그러면 너희는 내가 유대인의 왕을
너희에게 놓아 주기를 원하느냐 하니

40 그들이 또 소리 질러 이르되 이 사람이 아니라
바라바라 하니 바라바는 강도였더라

19

1 이에 빌라도가 예수를 데려다가 채찍질하더라

2 군인들이 가시나무로 관을 엮어 그의 머리에 씌우고
자색 옷을 입히고

3 앞에 가서 이르되 유대인의 왕이여 평안할지어다 하며
손으로 때리더라

4 빌라도가 다시 밖에 나가 말하되
보라 이 사람을 데리고 너희에게 나오나니
이는 내가 그에게서 아무 죄도 찾지 못한 것을

너희로 알게 하려 함이로라 하더라

5 이에 예수께서 가시관을 쓰고 자색 옷을 입고 나오시니
빌라도가 그들에게 말하되 보라 이 사람이로다 하매

6 대제사장들과 아랫사람들이 예수를 보고 소리 질러 이르되
십자가에 못 박으소서 십자가에 못 박으소서 하는지라

빌라도가 이르되 너희가 친히 데려다가 십자가에 못 박으라
나는 그에게서 죄를 찾지 못하였노라

7 유대인들이 대답하되 우리에게 법이 있으니
그 법대로 하면 그가 당연히 죽을 것은
그가 자기를 하나님의 아들이라 함이니이다

8 빌라도가 이 말을 듣고 더욱 두려워하여

9 다시 관정에 들어가서 예수께 말하되 너는 어디로부터냐 하되

예수께서 대답하여 주지 아니하시는지라

¹⁰빌라도가 이르되 내게 말하지 아니하느냐
내가 너를 놓을 권한도 있고
십자가에 못 박을 권한도 있는 줄 알지 못하느냐

¹¹예수께서 대답하시되 위에서 주지 아니하셨더라면
나를 해할 권한이 없었으리니 그러므로
나를 네게 넘겨 준 자의 죄는 더 크다 하시니라

¹²이러하므로 빌라도가 예수를 놓으려고 힘썼으나
유대인들이 소리 질러 이르되

이 사람을 놓으면 가이사의 충신이 아니니이다
무릇 자기를 왕이라 하는 자는 가이사를 반역하는 것이니이다

¹³빌라도가 이 말을 듣고 예수를 끌고 나가서

돌을 깐 뜰(히브리 말로 가바다)에 있는
재판석에 앉아 있더라

¹⁴이 날은 유월절의 준비일이요 때는 제육시라
빌라도가 유대인들에게 이르되 보라 너희 왕이로다

¹⁵그들이 소리 지르되 없이 하소서 없이 하소서
그를 십자가에 못 박게 하소서
빌라도가 이르되 내가 너희 왕을 십자가에 못 박으랴

대제사장들이 대답하되
가이사 외에는 우리에게 왕이 없나이다 하니

¹⁶이에 예수를 십자가에 못 박도록 그들에게 넘겨 주니라

십자가에 못 박히시다
¹⁷그들이 예수를 맡으매 예수께서 자기의 십자가를 지시고

해골(히브리 말로 골고다)이라 하는 곳에 나가시니

¹⁸그들이 거기서 예수를 십자가에 못 박을새
다른 두 사람도 그와 함께 좌우편(左右便)에 못 박으니
예수는 가운데 있더라

¹⁹빌라도가 패를 써서 십자가 위에 붙이니
나사렛 예수 유대인의 왕이라 기록되었더라

²⁰예수께서 못 박히신 곳이 성에서 가까운 고로
많은 유대인이 이 패(牌)를 읽는데
히브리와 로마와 헬라 말로 기록되었더라

²¹유대인의 대제사장들이 빌라도에게 이르되
유대인의 왕이라 쓰지 말고
자칭 유대인의 왕이라 쓰라 하니

²²빌라도가 대답하되 내가 쓸 것을 썼다 하니라

²³군인(軍人)들이 예수를 십자가에 못 박고
그의 옷을 취하여 네 깃에 나눠 각각 한 깃씩 얻고

속옷도 취하니 이 속옷은 호지 아니하고
위에서부터 통으로 짠 것이라

²⁴군인들이 서로 말하되
이것을 찢지 말고 누가 얻나 제비 뽑자 하니

이는 성경에 그들이 내 옷을 나누고
내 옷을 제비 뽑나이다 한 것을 응하게 하려 함이러라
군인들은 이런 일을 하고

²⁵예수의 십자가 곁에는 그 어머니와 이모와
글로바의 아내 마리아와 막달라 마리아가 섰는지라

²⁶예수께서 자기의 어머니와 사랑하시는 제자가
곁에 서 있는 것을 보시고 자기 어머니께 말씀하시되
여자여 보소서 아들이니이다 하시고

²⁷또 그 제자에게 이르시되 보라 네 어머니라 하신대
그 때부터 그 제자가 자기 집에 모시니라

영혼이 떠나가시다

²⁸그 후에 예수께서 모든 일이 이미 이루어진 줄 아시고
성경을 응하게 하려 하사 이르시되 내가 목마르다 하시니

²⁹거기 신 포도주가 가득히 담긴 그릇이 있는지라
사람들이 신 포도주를 적신 해면을
우슬초에 매어 예수의 입에 대니

³⁰예수께서 신 포도주를 받으신 후에 이르시되

다 이루었다 하시고 머리를 숙이니 영혼이 떠나가시니라

창으로 옆구리를 찌르다

³¹이 날은 준비일이라 유대인들은 그 안식일이 큰 날이므로
그 안식일에 시체들을 십자가에 두지 아니하려 하여
빌라도에게 그들의 다리를 꺾어 시체를 치워 달라 하니

³²군인들이 가서 예수와 함께 못 박힌 첫째 사람과
또 그 다른 사람의 다리를 꺾고

³³예수께 이르러서는 이미 죽으신 것을 보고
다리를 꺾지 아니하고

³⁴그 중 한 군인이 창으로 옆구리를 찌르니
곧 피와 물이 나오더라

³⁵이를 본 자가 증언하였으니 그 증언이 참이라

그가 자기의 말하는 것이 참인 줄 알고
너희로 믿게 하려 함이니라

³⁶이 일이 일어난 것은
그 뼈가 하나도 꺾이지 아니하리라 한
성경을 응하게 하려 함이라

³⁷또 다른 성경에 그들이 그 찌른 자를 보리라 하였느니라

새 무덤에 예수를 두다

³⁸아리마대 사람 요셉은 예수의 제자이나
유대인이 두려워 그것을 숨기더니

이 일 후에 빌라도에게 예수의 시체를 가져가기를 구하매
빌라도가 허락하는지라
이에 가서 예수의 시체를 가져가니라

³⁹일찍이 예수께 밤에 찾아왔던 니고데모도
몰약과 침향(沈香) 섞은 것을 백 리트라쯤 가지고 온지라

⁴⁰이에 예수의 시체를 가져다가 유대인의 장례 법대로
그 향품과 함께 세마포로 쌌더라

⁴¹예수께서 십자가에 못 박히신 곳에 동산이 있고
동산 안에 아직 사람을 장사한 일이 없는
새 무덤이 있는지라

⁴²이 날은 유대인의 준비일이요
또 무덤이 가까운 고로 예수를 거기 두니라

살아나시다

20 ¹ 안식 후 첫날 일찍이 아직 어두울 때에
막달라 마리아가 무덤에 와서

돌이 무덤에서 옮겨진 것을 보고

2 시몬 베드로와 예수께서 사랑하시던 그 다른 제자에게
달려가서 말하되 사람들이 주님을 무덤에서 가져다가
어디 두었는지 우리가 알지 못하겠다 하니

3 베드로와 그 다른 제자가 나가서 무덤으로 갈새

4 둘이 같이 달음질하더니 그 다른 제자가 베드로보다
더 빨리 달려가서 먼저 무덤에 이르러

5 구부려 세마포 놓인 것을 보았으나 들어가지는 아니하였더니

6 시몬 베드로는 따라와서 무덤에 들어가 보니 세마포가 놓였고

7 또 머리를 쌌던 수건은 세마포와 함께 놓이지 않고
딴 곳에 쌌던 대로 놓여 있더라

8 그 때에야 무덤에 먼저 갔던

그 다른 제자도 들어가 보고 믿더라

⁹(그들은 성경에 그가 죽은 자 가운데서
다시 살아나야 하리라 하신 말씀을 아직 알지 못하더라)

¹⁰이에 두 제자가 자기들의 집으로 돌아가니라

막달라 마리아에게 나타나시다

¹¹마리아는 무덤 밖에 서서 울고 있더니
울면서 구부려 무덤 안을 들여다보니

¹²흰 옷 입은 두 천사가 예수의 시체 뉘었던 곳에
하나는 머리 편에, 하나는 발 편에 앉았더라

¹³천사(天使)들이 이르되 여자여 어찌하여 우느냐
이르되 사람들이 내 주님을 옮겨다가 어디 두었는지
내가 알지 못함이니이다

¹⁴이 말을 하고 뒤로 돌이켜 예수께서 서 계신 것을
보았으나 예수이신 줄은 알지 못하더라

¹⁵예수께서 이르시되
여자여 어찌하여 울며 누구를 찾느냐 하시니

마리아는 그가 동산지기인 줄 알고 이르되
주여 당신이 옮겼거든 어디 두었는지 내게 이르소서
그리하면 내가 가져가리이다

¹⁶예수께서 마리아야 하시거늘
마리아가 돌이켜 히브리 말로 랍오니 하니
(이는 선생님이라는 말이라)

¹⁷예수께서 이르시되 나를 붙들지 말라
내가 아직 아버지께로 올라가지 아니하였노라

너는 내 형제들에게 가서 이르되
내가 내 아버지 곧 너희 아버지,
내 하나님 곧 너희 하나님께로 올라간다 하라 하시니

¹⁸막달라 마리아가 가서 제자들에게 내가 주를 보았다 하고
또 주께서 자기에게 이렇게 말씀하셨다 이르니라

제자들에게 나타나시다

¹⁹이 날 곧 안식 후 첫날 저녁 때에 제자들이
유대인들을 두려워하여 모인 곳의 문들을 닫았더니

예수께서 오사 가운데 서서 이르시되
너희에게 평강(平康)이 있을지어다

²⁰이 말씀을 하시고 손과 옆구리를 보이시니
제자들이 주를 보고 기뻐하더라

²¹예수께서 또 이르시되 너희에게 평강이 있을지어다
아버지께서 나를 보내신 것 같이 나도 너희를 보내노라

²²이 말씀을 하시고 그들을 향하사
숨을 내쉬며 이르시되 성령을 받으라

²³너희가 누구의 죄든지 사하면 사하여질 것이요
누구의 죄든지 그대로 두면 그대로 있으리라 하시니라

도마가 의심하다

²⁴열두 제자 중의 하나로서 디두모라 불리는 도마는
예수께서 오셨을 때에 함께 있지 아니한지라

²⁵다른 제자들이 그에게 이르되 우리가 주를 보았노라 하니
도마가 이르되 내가 그의 손의 못 자국을 보며
내 손가락을 그 못 자국에 넣으며

내 손을 그 옆구리에 넣어 보지 않고는
믿지 아니하겠노라 하니라

²⁶여드레를 지나서 제자들이 다시 집 안에 있을 때에
도마도 함께 있고 문들이 닫혔는데 예수께서 오사
가운데 서서 이르시되 너희에게 평강이 있을지어다 하시고

²⁷도마에게 이르시되 네 손가락을 이리 내밀어 내 손을 보고
네 손을 내밀어 내 옆구리에 넣어 보라
그리하여 믿음 없는 자가 되지 말고 믿는 자가 되라

²⁸도마가 대답하여 이르되
나의 주님이시요 나의 하나님이시니이다

²⁹예수께서 이르시되 너는 나를 본 고로 믿느냐
보지 못하고 믿는 자들은 복되도다 하시니라

이 책을 기록한 목적

³⁰예수께서 제자들 앞에서 이 책에 기록되지 아니한
다른 표적도 많이 행하셨으나

³¹오직 이것을 기록함은 너희로 예수께서
하나님의 아들 그리스도이심을 믿게 하려 함이요

또 너희로 믿고 그 이름을 힘입어
생명을 얻게 하려 함이니라

일곱 제자에게 나타나시다

21 ¹그 후에 예수께서 디베랴 호수에서
또 제자들에게 자기를 나타내셨으니
나타내신 일은 이러하니라

²시몬 베드로와 디두모라 하는 도마와

갈릴리 가나 사람 나다나엘과 세베대의 아들들과
또 다른 제자 들이 함께 있더니

3 시몬 베드로가 나는 물고기 잡으러 가노라 하니
그들이 우리도 함께 가겠다 하고 나가서 배에 올랐으나
그 날 밤에 아무 것도 잡지 못하였더니

4 날이 새어갈 때에 예수께서 바닷가에 서셨으나
제자들이 예수이신 줄 알지 못하는지라

5 예수께서 이르시되 얘들아 너희에게 고기가 있느냐
대답하되 없나이다

6 이르시되 그물을 배 오른편에 던지라
그리하면 잡으리라 하시니
이에 던졌더니 물고기가 많아 그물을 들 수 없더라

7 예수께서 사랑하시는 그 제자가 베드로에게 이르되
주님이시라 하니 시몬 베드로가 벗고 있다가

주님이라 하는 말을 듣고 겉옷을 두른 후에
바다로 뛰어 내리더라

8 다른 제자들은 육지에서 거리가 불과 한 오십 칸쯤 되므로
작은 배를 타고 물고기 든 그물을 끌고 와서

9 육지에 올라보니 숯불이 있는데
그 위에 생선(生鮮)이 놓였고 떡도 있더라

10 예수께서 이르시되 지금 잡은 생선을 좀 가져오라 하시니

11 시몬 베드로가 올라가서 그물을 육지에 끌어 올리니
가득히 찬 큰 물고기가 백쉰세 마리라
이같이 많으나 그물이 찢어지지 아니하였더라

¹²예수께서 이르시되 와서 조반을 먹으라 하시니
제자들이 주님이신 줄 아는 고로
당신이 누구냐 감히 묻는 자가 없더라

¹³예수께서 가셔서 떡을 가져다가 그들에게 주시고
생선도 그와 같이 하시니라

¹⁴이것은 예수께서 죽은 자 가운데서 살아나신 후에
세 번째로 제자들에게 나타나신 것이라

내 양을 먹이라

¹⁵그들이 조반 먹은 후에 예수께서 시몬 베드로에게 이르시되
요한의 아들 시몬아

네가 이 사람들보다 나를 더 사랑하느냐 하시니
이르되 주님 그러하나이다

내가 주님을 사랑하는 줄 주님께서 아시나이다
이르시되 내 어린 양을 먹이라 하시고

16또 두 번째 이르시되 요한의 아들 시몬아
네가 나를 사랑하느냐 하시니

이르되 주님 그러하나이다
내가 주님을 사랑하는 줄 주님께서 아시나이다
이르시되 내 양을 치라 하시고

17세 번째 이르시되 요한의 아들 시몬아
네가 나를 사랑하느냐 하시니
주께서 세 번째 네가 나를 사랑하느냐 하시므로

베드로가 근심하여 이르되 주님 모든 것을 아시오매
내가 주님을 사랑하는 줄을 주님께서 아시나이다

요한복음
21:18-20

예수께서 이르시되 내 양을 먹이라

¹⁸내가 진실로 진실로 네게 이르노니
네가 젊어서는 스스로 띠 띠고 원하는 곳으로 다녔거니와

늙어서는 네 팔을 벌리리니
남이 네게 띠 띠우고 원하지 아니하는 곳으로 데려가리라

¹⁹이 말씀을 하심은 베드로가 어떠한 죽음으로
하나님께 영광을 돌릴 것을 가리키심이러라

이 말씀을 하시고 베드로에게 이르시되
나를 따르라 하시니

²⁰베드로가 돌이켜 예수께서 사랑하시는
그 제자가 따르는 것을 보니
그는 만찬석에서 예수의 품에 의지하여

주님 주님을 파는 자가 누구오니이까 묻던 자더라

21이에 베드로가 그를 보고 예수께 여짜오되
주님 이 사람은 어떻게 되겠사옵나이까

22예수께서 이르시되 내가 올 때까지
그를 머물게 하고자 할지라도 네게 무슨 상관이냐
너는 나를 따르라 하시더라

23이 말씀이 형제들에게 나가서
그 제자는 죽지 아니하겠다 하였으나
예수의 말씀은 그가 죽지 않겠다 하신 것이 아니라

내가 올 때까지 그를 머물게 하고자 할지라도
네게 무슨 상관이냐 하신 것이러라

24이 일들을 증언하고 이 일들을 기록한 제자가 이 사람이라

우리는 그의 증언이 참된 줄 아노라

²⁵예수께서 행하신 일이 이 외에도 많으니
만일 낱낱이 기록(記錄)된다면 이 세상이라도
이 기록된 책을 두기에 부족할 줄 아노라

God bless you~

�閉休

개역개정 · 신약성경 쓰기

④ 요한복음 하

초판 1쇄 발행 2021년 3월 6일

펴낸곳 우슬북
엮은이 김영기, 김우슬

출판등록 2019년 4월 1일(제568-2019-000006호)
주소 충남 당진시 송산면 유곡로 20
전화 010.5424.7706
이메일 hyssop2000@hanmail.net
총판 하늘유통(031.947.7777)

값 6,000원
ISBN 979-11-973755-3-8